1. 只要有现金流就有机会，熬死竞争对手，所有的市场和利润都是你的。
2. 我没见过一个现金流很强的人过得很差，我也没有见过一个不懂现金流的人过得很好。
3. 巧用银行杠杆可以解决很多老板解决不了的问题，银行最喜欢两种人：第一，帮他搞低利息的现金流；第二，有资产抵押的信贷。
4. 没有业绩不一定倒闭，没有利润也不一定倒闭，没有现金流的公司一定倒闭。

5. 生意场是有经验的人获得更多现金流，有金钱的人获得更多经验的地方。
6. 不注重现金流，就像打扑克从不看牌一样，必然失败。
7. 绝大多数企业不是死于没有利润，而是死于没有现金流。
8. 现金流从短期来看是“投票机”，从长期来看则是“称重机”。
9. 以后老板记住：“你所有投的钱必须是现金流，不是现金流的行业不投资，这是你投资的第一步。”
10. 现金流是企业的生死线，就是看余额有多少，余额充足，说明资金链没问题，余额不足甚至没有了，那这家企业就有大问题了。
11. 现金流是企业血液，现金流量表全面反映企业造血能力、血压血糖血脂。现金流枯竭，就是这企业血流干了。

12. 做生意最惹人发笑的是，每一个只控制成本和只注重利润的人都会自认为自己比对方聪明！
13. 现金流最重要的两件事：第一条，保住现金流最重要；第二条，永远不要忘记第一条。
14. 生意场错误并不可耻，可耻的是错误已经显而易见了却还不去修正。
15. 耐心等待确定信号的出现，避免高风险模糊不清的阶段盲目竞争。
16. 每个新手都会从自己的教训中吸取经验，聪明人则从专业团队的帮助中获益。
17. 经验显示，市场自己会说话，现金流永远是对的，凡是轻视现金流能力的人，终究会吃亏。
18. 做生意的时候，不应跟风而上，而应该看是否了解它。
19. 在生意顶峰时迅速转手，这是一种商业模式，更是一种商业智慧。
20. 承担风险，无可指责，但同时记住千万不能孤注一掷！
21. 平常时间，最好静坐，愈少买卖愈好，永远耐心地等候投资机会的来临。
22. 我的忠告就是绝不赔钱，做自己熟悉的事，保证自己手中的现金流。

23. 除非你真的了解自己在干什么，否则什么也别做。
24. 不管是管公司还是管家，直到现金流动起来，我所要做的全部就是走过去把它捡起来。
25. 投资的成功是建立在已有的知识和经验基础上的。
26. 对成熟公司而言，不需要筹资和投资，而是需要更加关注日常经营活动的现金流情况。
27. 现金流进入企业资金池后，不明确区分其性质、用途会增加企业出现财务风险的概率。
28. 不要图前面的钱，要想办法赚后面的钱。

你看到的都不是真的
有人赚的
就是你看不到的钱

29. 企业通过银行存款利息、投资股票、债券、基金等金融资产获得的现金流收入。
30. 与银行合作，不仅能够解决创业者资金短缺的问题，还能借助银行的品牌影响力，迅速拓展市场。
31. 借款所得的现金是一种短期资金流入的方式。
32. 巧用银行杠杆，现金流可以撬动更大利润。
33. 公司通过债权融资计划、股权融资规划、融资租赁、产业基金等多种方式，扩大融资渠道，降低融资成本，稳健现金流管理。
34. 老板要干一件事，离钱最近的事，其他的事都不要干。
35. 企业通过出售固定资产，房地产或其他长期资产来获得的现金流收入。
36. 老板卖产品不好卖，就升级成卖项目，客户更愿意投资项目，产品越卖库存越多，项目越卖现金流越多。
37. 营销的本质是洞察人性，一切赚钱的行为，都离不开对人性的揣摩和运用。
38. 员工的轨道是目标，经理、总监的轨道是业绩，总经理的轨道是利润，董事长的轨道是现金流！老板一定要明白，现金流比利润重要一万倍！
39. 所有老板到今天之所以痛苦，很重要的原因就是你没有现金流，而现金流的核心就是要变现。
40. 打造爆款产品，让企业获取源源不断的现金流，大爆品可以加速让企业获取现金流。
41. 合伙人裂变模式，可以快速去库存并且获得现金流。
42. 把招聘改为招商，把销售改为服务，你今年的业绩翻倍。
43. 产业链也是现金链，老板要学会从前端往后端走，赚别人看不到的钱，老板的思路要从简单的产品上升到产业链，不要只看到产品本身。
44. 逆向盈利思维，本行亏本去赚现金流，通过跨界投资赚取高额利润回报。
45. 节省下来的都是现金流。
46. 我从来不在我不懂的事情上投入大量的金钱。
47. 如果你没有做好承受痛苦的准备，那就离开吧，别指望会成为常胜将军，要想成功，必须冷酷。
48. 顺应趋势，花全部的时间研究市场的正确趋势，如果保持一致，利润就会滚滚而来。
49. 如果一个人将钱袋倒进他的脑袋里，就没有人能将它偷走。知识的投资常有最好的利润。
50. 企业主要从以下三个方面设置现金流内部控制系统：第一，设置职责分工系统；第二，设置信用控制；第三，建立审批制度。
51. 始终遵守你自己的投资计划的规则，这将加强良好的自我控制。
52. 你必须独立思考。我总是感到不可思议，为什么高智商的人不动脑子地去模仿别人。我从别人那里从没有讨到什么高招。

53. 当遇到困难时，人们的本能反应都是加大投入:增加人手、延长时间、加大投资，这一切做法只是使问题变得越大。正确的方法应该是反其道而行之：削减。

54. 老板最重要的事是持续找对的人做对的事，拥有出色的团队是企业获得成功的关键。

55. 实际上，如果没有十足的把握，我不会轻举妄动。

56. 要在别人贪婪的时候恐惧，而在别人恐惧的时候贪婪。

57. 当一家有实力的大公司遇到一次巨大但可以化解的危机时，一个绝好的投资机会就悄然来临。

58. 想要成功就要坚持做三件事：（1）花钱向高手学习；（2）与高手合作；（3）最终成为高手。

59. 在市场，你就得准备忍受痛苦。

60. 公司现金流没了，就预示着完蛋，消耗现金流没产出的事情，要立刻放弃。

61. 要想获得成功，必须要有充足的自由时间。

62. 你不用什么都懂，但你必须在现金流方面懂得比下属多。

63. 现金流之于证券市场，就像氧气之于呼吸，汽油之于引擎。

64. 价格密集盘整之后的突破，通常是值得冒险的交易机会。

65. 现在已然衰朽者，将来可能重放异彩；如今备受青睐者，未来可能日渐衰败。

66. 大众不可能靠准确预测经营方向挣钱。

67. 由市场造成的错误迟早都会由市场自身来纠正，市场不可能对明显的错误长久视而不见。

68. 选择押宝于自己对未来预测正确，或者选择保护自己免于因预测错误受损。建议你选后者。

69. 即便是聪明的投资者也可能需要坚强的意志才能置身于“羊群”之外。

70. 投资者与投机者最实际的区别在于他们对现金流的态度上：投机者的兴趣主要在参与市场波动并从中谋取利润，投资者的兴趣主要在以适当的价格取得和保持适当的现金流。

71. 许多IQ很高的人却是糟糕的投资者，原因是他们的品性缺陷。我认为优秀的品性比大脑更重要，你必须严格控制那些非理性的情绪，你需要镇定、自律，对损失与不幸淡然处之，同样地也不能被狂喜冲昏头脑。

72. 古语道：千做万做，亏本不做！当然，现代经济领域里，有些商业模式可以暂时性地不盈利，但是一定要清楚什么时候可以盈利，不然就会造成持续的“失血”现象！

73. 一个素质良好的企业和一个苟延残喘的企业之间的区别就在于，好企业一个接一个轻松地作出决定，而糟糕的企业则不断地需要作出痛苦的抉择。

74. 现金流无法凭直觉判断。不要试图用头脑计算，有销售并不必然意味你有钱，而费用发生了也就意味着你已经付出了代价。

75. 只求利润只会令自己分身不暇，宜重锤出击，集中火力专攻少数优质企业，创富路上便能一本万利。

76. 在生意场上，我就想知道我会死在何处，然后我永远不去那里。

77. 增长要耗费现金。这属于营运资本(working capital)问题，你发展得越快，就需要具备更强的融资能力。

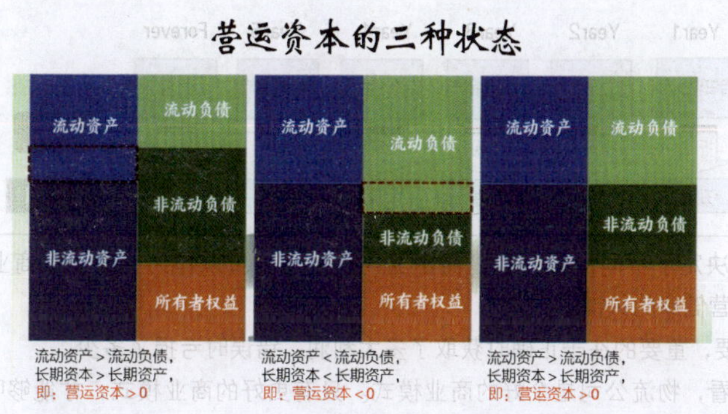

78. 销售耗费现金。销售意味着金钱，但当你做直接销售给另一个终端企业的生意时，事情很少会那么简单。你把货品或服务随发货单一起送出去，对方迟些时候付款，通常是几个月后。

79. 现金流是企业的生命线，只有保持现金流的畅通和充裕，才能使企业在竞争中立于不败之地。

80. 现金流是企业运营的核心驱动力，它代表了企业资金流动的能力和效率。

81. 拥有稳定的现金流是实现企业稳健经营和发展的前提，是企业未来扩大和发展的重要保证。

82. 现金为王，现金流决定企业的生死存亡。

83. 关注现金流，做好财务管理，是企业实现可持续发展的重要保障。

84. 良好的现金流可以为企业提供更多的机会和更大的灵活性，使其能够在市场竞争中更好地应对风险和挑战。

85. 在商业地产领域，现金流就是整个企业的生命线，它直接关系到企业的生存和发展，因此必须要对现金流进行科学地管理和有效地规划。

86. 没有利润的企业不一定会马上倒下，但没有现金流的企业一夜之间就可能倒塌。

87. 现金流的管理水平直接影响企业的盈利能力和可持续发展能力，因此是企业管理中最为重要的一项工作之一。

88. 现金流的健康状况可以反映出企业的整体实力和市场地位，如果企业的现金流出现不良情况，就会导致企业的发展受到限制，甚至破产。

89. 现金流是任何公司的重要健康指标。

90. 现金流、公司负债的百分比是我一贯最注重的环节，是任何公司的重要健康指标。任何发展公司中的业务，一定要让业绩达到正数的现金流。

91. 资本运作的关键是将未来现金流提前使用，通过提前交易来获取更多的资金，从而赢得发展机会，创造新的财富，形成良性循环。

92. 对于每个人来说，要想科学理财，就要管理好两个方面的内容，一个方面是一个人一生中的现金流量管理，一个方面是一个人一生中的财务风险管理。现金流量管理又包括如何赚钱和如何花钱两个方面。

93. 现金流指公司在一定时期内资金流动的情况，包括现金流入和流出，是公司生存和发展的基础。

94. 现金流是商海航行的舵，掌控它才能乘风破浪，抵达财富的彼岸。

95. 你手握财富之钥，现金流是密码，精心管理，方能开启财富之门。

96. 现金流是企业的生命线，智慧管理，稳健前行，方能把握财富的脉搏。

97. 收入是虚的，现金是实的，只有现金才能让企业生存。

98. 如果你不能管理好现金流，你就不能管理好企业。

99. 现金是企业最重要的资源，企业必须时刻保持对现金流的敏感。

100. 从投资角度看，一个公司的价值上限取决于它的愿景，下限则取决于它的现金流是否充裕。

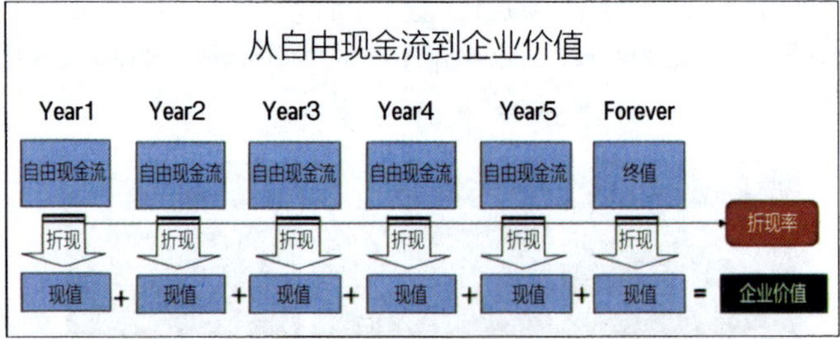

101. 不同的商业模式决定了不同的现金流，而企业的现金流也可以作为判断一个商业模式是否具有颠覆性、公司是否经营健康的关键。

102. 判断对错并不重要，重要的在于正确时获取了多大利润，错误时亏损了多少。

103. 从现金流的角度看，物流公司是个好的商业模式。只有更好的商业模式，才能够吸引更多的资金，并且把资金变得更高效，公司才能拥有定价权，进而获得足够高的毛利。

104. 管理者不乱，企业就不会乱，应对风险的第一件事，并不是如何去找出路，而是要静下来。
105. 在创业初期，高科技公司对现金流的需求也大大高于传统公司，因此融资是创业期高科技公司普遍的需求。
106. 利润只是纸上富贵，现金流才是真金白银。
107. 企业的内在价值来自于三个方面：一是资产价值，二是获利能力价值，三是总价值。
108. 退股本金现金流指的是在股东退出公司时，公司向股东返还其投资本金的过程。
109. 现金流与利润无关，利润是利润表的事、不是现金流量表的事。
110. 企业不是为了赚钱而存在，而是为了产生现金流。

现金流量表状态分析 +表示为正数，-表示为负数			
类型	经营活动现金流	投资活动现金流	筹资活动现金流
1	+	+	+
2	+	+	—
3	+	—	+
4	+	—	—

111. 盈利是目标，现金流是保障，两者缺一不可。
112. 投资需谨慎，现金流先行，确保资金安全最重要。
113. 资本是船，现金流是水，水能载舟亦能覆舟。
114. 企业老板需时刻关注现金流，它是企业运营的晴雨表。
115. 在追求盈利的同时，别忘了维护健康的现金流。
116. 没有现金流的盈利是镜花水月，无法支撑企业的长远发展。
117. 投资要看长远，但现金流的短期管理同样重要。

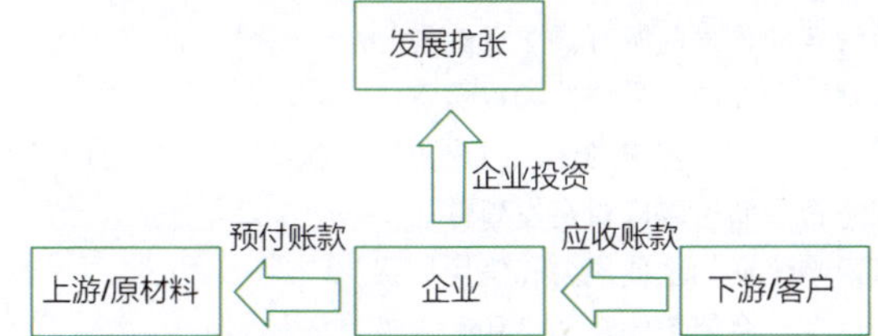

118. 资本运作需灵活，但不可忽视现金流的稳定性。
119. 企业老板应像船长一样，时刻掌握现金流的航向。
120. 盈利是果实，现金流是树根，根深才能叶茂。
121. 投资需谨慎，不可让现金流陷入枯竭的境地。
122. 资本市场上风起云涌，唯有现金流才是企业最坚实的后盾。
123. 企业老板的智慧在于平衡盈利与现金流的关系。
124. 在资本与市场的浪潮中，保持现金流的稳健是企业生存的不二法门。
125. 现金流是企业生存的血液，直接关系到企业的日常运营与未来发展。
126. 良好的现金流管理能够确保企业在经济波动中保持稳定运营。
127. 监控现金流状况是每位CFO（首席财务官）日常工作的重中之重。
128. 现金流短缺是企业面临的最大风险之一，需提前预警并采取措施应对。
129. 优化应收账款管理，加速资金回笼，是提升现金流的有效手段。
130. 控制库存水平，避免过度积压，有助于释放被占用的现金流。

131. 合理的成本控制策略能够为企业创造更多正向现金流。

132. 投资决策需充分考虑项目的现金流回报，确保长期盈利。

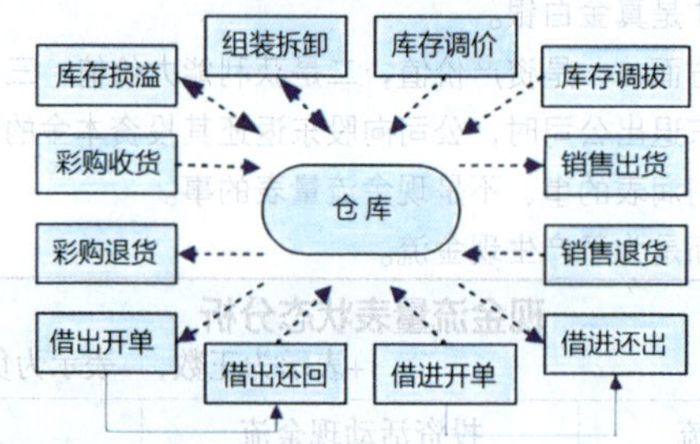

133. 现金流预测是企业规划未来发展的重要依据。

134. 多元化融资渠道有助于增强企业的现金流。

135. 现金流健康的企业更容易获得银行和其他金融机构的信任与支持。

136. 有效的现金流管理能够提升企业应对市场变化的能力。

137. 现金流管理不仅仅是财务部门的职责，需要全公司上下共同努力。

138. 定期进行现金流审计，确保财务数据的准确性和透明度。

139. 现金流管理应兼顾短期流动性需求与长期发展战略。

140. 合理利用信用政策，既能促进销售又能控制现金流风险。

141. 现金流短缺时，需优先考虑削减非必要开支以节省资金。

142. 现金流充裕时，可考虑进行战略投资或并购以扩大市场份额。

143. 现金流管理需与预算管理紧密结合，确保资金使用的合理性和效率。

144. 数字化工具的应用可以显著提升现金流管理的效率和准确性。

145. 现金流的良性循环是企业持续增长的基石。

146. 现金流管理需关注季节性波动，提前做好资金调配计划。

147. 有效的现金流管理能够提升企业的市场估值和投资者信心。

148. 现金流短缺时，需积极与供应商、客户沟通，寻求延期付款或提前收款的可能性。

149. 注重风险管理，建立应急资金储备以应对突发事件。

150. 现金流的健康状况直接影响企业的偿债能力和信用评级。

151. 与业务部门紧密合作，确保资金使用的合理性和有效性。

152. 关注税收政策变化，合理利用税收优惠政策减轻财务负担。

153. 注重资金的时间价值，合理安排资金的使用和调度。

154. 建立科学的绩效评价体系，激励员工积极参与现金流管理。

155. 关注国际金融市场动态，及时调整外汇风险管理策略。

156. 注重与股东、投资者的沟通，增强他们对公司财务状况的理解和支持。

157. 公司的商业活动是靠运营现金流驱动的，而不是靠融资现金流来驱动的。

158. 注重内部控制建设，防止资金流失和舞弊行为的发生。

159. 商业的本质就是货币的流动。公司创业的过程，可以看作一个资金使用的过程。

160. 注重人才培养和引进，提升财务管理团队的专业能力和素质。

161. 注重技术创新，利用新技术提升财务管理效率和水平。

162. 注重企业文化建设，营造诚信、透明的财务管理氛围。

163. 无论创业还是投资，最重要的是找到“确定性”。

164. 资金的流向和效率，是企业成败的关键。

165. 市场趋势不明显时，宁可在场外观望。

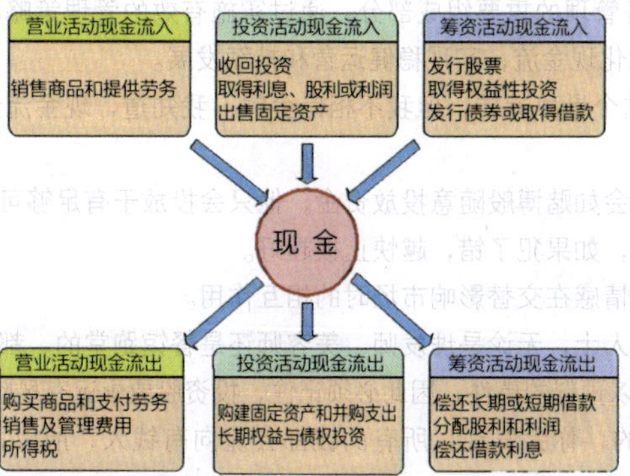

166. 现金流溢价在新宏观范式下具有全球普适性。

167. 华尔街家训，第一条止损，第二条止损，第三条还是止损。

168. 通过“精耕细作”挖掘需求，盘活闲置的生产性资产，改善其产生稳定现金流的能力。

169. 有利润的收入，有现金流的利润。没有利润的收入无疑是赔本赚吆喝，没有现金流的利润是打肿脸充胖子，都不可持久。

170. 考核要关注销售收入、利润和现金流，三足鼎立，支撑起公司的生存发展。

171. 单纯的销售额增长是不顾一切的疯狂，单纯地追求利润会透支未来，不考核现金流将导致只有账面利润。光有名义利润是假的，没现金流就如同没米下锅，几天等不到米运来就已经饿死了。

172. 现金创造指公司通过可持续的经营活动产生经常性自由现金流的过程。影响公司经常性自由现金流的主要因素是营利性现金创造能力与营运性现金创造能力。

173. 获得成功之后往往会被胜利冲昏头脑，这种时候尤其需要平静地思考。

174. 风险存在于市场本身。

175. 公司应以持续提高投入资本回报率为目标，增强现金创造能力，持续提升公司价值。

176. 在这个竞争激烈的年代，即使公司的产品或服务十分出色，但如果不善于营销，公司不可能生存。

177. 公司的利润表会创造现金流，资产负债表也会创造现金流。利润表反映的是公司的盈利能力，资产负债表则反映公司的营运能力以及相应的资本占用水平。

178. 公司应尽量动用更少的资本投入，赚取更多的现金流。

179. 在现代企业运营中，现金流管理是企业财务健康的核心。良好的现金流管理策略能够帮助企业平稳运行，应对市场变化，实现可持续发展。

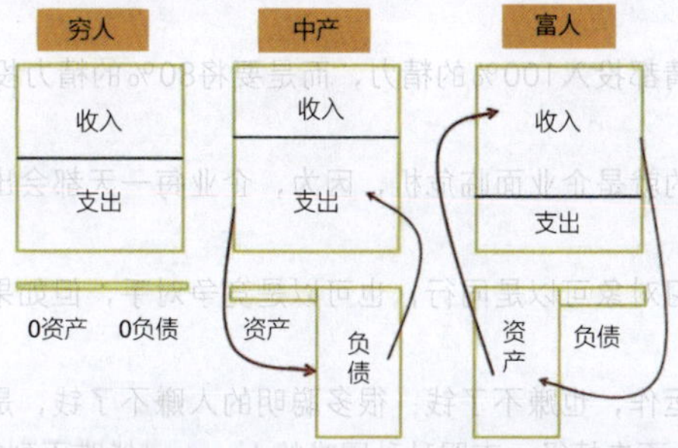

180. 现金流管理是企业管理的核心之一，只有做好现金流管理，企业才能在激烈的市场竞争中立于不败之地。

181. 现金流不仅是企业日常运营的基础，也是企业应对突发事件、进行战略投资的关键。缺乏有效的现金流管理，企业可能会面临资金链断裂的风险，影响企业信誉和市场地位。

182. 现金流管理是企业财务管理的重要组成部分，通过实施有效的管理策略和利用现代信息技术工具，企业可以更好地控制和优化现金流，实现稳健运营和持续发展。

183. 我明白，金钱可以使这个世界运转，但我不相信金钱；我知道，现金流无法使这个世界运转，但我相信现金流。

184. 一个真正的投资者并不会如赌博般随意投放资金，他只会投放于有足够可能性获取利润的工具上。

185. 别希望自己每次都正确，如果犯了错，越快止损越好。

186. 一个人必须理解理性和情感在交替影响市场时的相互作用。

187. 对任何给你内幕消息的人士，无论是理发师、美容师还是餐馆跑堂的，都要小心。

188. 任何时候都可能发生难以预料的事件，因此必须记住，投资股票永远有风险，拥有现金流会一劳永逸。

189. 金钱运转都是有规律的，你会发现，所有的钱都会流向有钱人，所以，你的目标应该是先做一个有钱人。

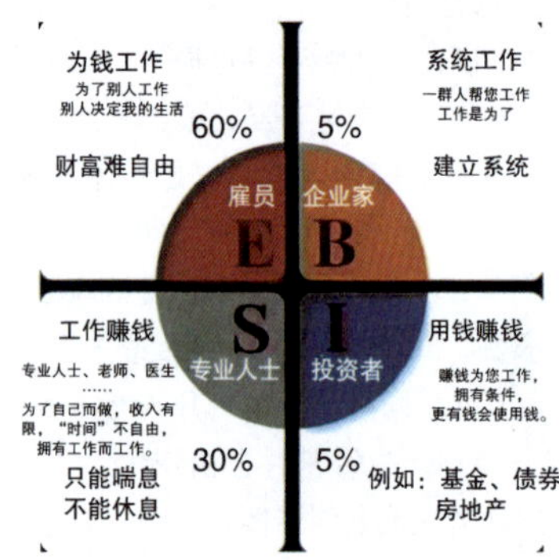

190. 谁的手里有现金，就去找谁，锁定手里有现金的人，现金自然也会向你而来。

191. 我们都是普通人，但是，只要你愿意在一个细分的领域进行大量的积累，长期下来，你就会累积出巨大的财富，建立起巨大的影响力。

192. 商业其实是一场开卷考试，它允许你抄，也允许你问，更允许你找人帮忙。但是，有的人不会抄，不会问，更找不到人帮忙。所以，商业更注重的是与优秀的人建立联系。

193. 如何过上自己想要的人生？（1）有目标具象化；（2）方向要正确；（3）借力寻求别人的帮助；（4）拼搏的精神；（5）永远有现金流攥在自己手里。

194. 有句老话叫“贪小便宜吃大亏”，所以，商业上，对小机会不动心，才能抓住大机会。

195. 人的本事都是在低谷期成长起来的，人的毛病都是在舒适期惯出来的，离开舒适区才能更好的成长起来。

196. 一个企业家不能任何事情都投入100%的精力，而是要将80%的精力投入到20%的事情上，从而赚取80%的收益。

197. 管理企业最不应该担心的就是企业面临危机，因为，企业每一天都会出现不同的危机，做企业，心态要稳。

198. 进入一个新的领域，学习对象可以是同行，也可以是竞争对手，但如果想要节省时间，应该跟更专业的人学习更专业的事儿。

199. 很有才华的人不会商业运作，也赚不了钱；很多聪明的人赚不了钱，是因为斤斤计较；所以，当一个认清自己、能够不计较、不走捷径、克服种种困难的人，不可能赚不到钱。

200. 市场上了解现金流的人很多，但真正坚持经营中保证现金流的人又很少，很多时候，一些企业经营来经营去就空了。丢掉了最初的坚持，很容易把企业做死。